渔樵耕读

中国内衣品牌与文化耕耘谱

柏桥◎著

中国纺织出版社

图书在版编目（CIP）数据

渔樵耕读：中国内衣品牌与文化耕耘谱 / 柏桥著. --北京：中国纺织出版社，2019.4

ISBN 978-7-5180-5873-0

Ⅰ. ①渔… Ⅱ. ①柏… Ⅲ. ①内衣—商业品牌—介绍—中国 Ⅳ. ①F426.86

中国版本图书馆CIP数据核字（2019）第004829号

策划编辑：孔会云　特约编辑：郭兆荣　责任校对：寇晨晨
责任印制：何　建

中国纺织出版社出版发行
地址：北京市朝阳区百子湾东里A407号楼　邮政编码：100124
销售电话：010—67004422　传真：010—87155801
http：//www.c-textilep.com
E-mail：faxing@c-textilep.com
中国纺织出版社天猫旗舰店
官方微博http：//weibo.com/2119887771
北京玺诚印务有限公司印刷　各地新华书店经销
2019年4月第1版第1次印刷
开本：787×1092　1/32　印张：4
字数：54千字　定价：100.00元

序一

一个文化人的寄托

重新引起各界高度关注、重新点燃各方激情的百届中针会（中国针棉织品交易会，简称中针会）已经闭幕了。作为重头戏的本届中针会以及几场重要活动，内衣行业和内衣企业的踊跃参与,其参与数量之多在中针会史无前例。而作为内衣行业的领头人，彭桂福同志在工作之余，利用业余时间，为参与百届中针会的各大型内衣企业及相关企业量身打造了一批文化产品——诗词。现在，这些完全从各企业、各品牌特色出发所作的原创诗词就要集结出版了。在此，我也想为中国内衣行业、为中针会、为彭桂福同志的这本书说几句。

我与彭桂福同志在一起共事三十多年，这三十多年，我们一直服务于中国纺织服装行业，为行业的繁荣发展耕耘。彭桂福同志有文采，行业内都是知道的，但是，我最欣赏他的不仅是这一方面，而是他的学习能力、对工作的执着精神和对行业的无私奉献境界。我曾多次在本协会内向大家号召学习彭桂福同志。当然，这里主要还是想就彭桂福同志的诗集多说几句。

中国内衣已经有上千年的历史，现代内衣进入中国也有近三十年历史。然而，据我所知，专为内衣企业、内衣品牌写诗填词的,此前还没有过。彭桂福同志的这些诗词，虽然发端于为百届中针会服务，但我想其更大的意义还在于为内衣行业的文化建设打下了基础，为我国内衣品牌的推广和提升提供了新的选择甚至是新的模式。

起源于 20 世纪 50 年代的中针会，已经走过了六十多个年头，也已经跨越了一百届，创造过辉煌，也经历过挫折，成就了许多内衣品牌、内衣企业，也留下过一些遗憾。但无论如何，“品牌孵化器”“行业春晚”这些标签已经牢牢地贴在了中针会身上。尽管如此，我仍然一直在思考，中针会的文化是什么？作为一个历史悠久的行业展会，我们应该为它打造什么样的文化标签和文化影响力、文化生命力？我想，彭桂福同志的诗集，也为中针会的文化建设打开了新视窗。这本诗集既是中国内衣文化建设的处女作，也是中国针棉织品交易会文化建设的处女作。

从时间上看，这些诗作大多写成于 2018 年 1~3 月。这段时间，也正是彭桂福同志带领同事开展“百届中针会·百城千店万里行”活动期间。在不到三个月的时间里，彭桂福同志带队走访了十个省市上百个城市上千家内衣代理商及经销商，行程何止万里，而且几乎是一天换一个城市，既要了解行业情况，又要推介中针会，还要应付各种情况（如天气、交通情况等），工作强度可想而知。可就是在这种情况下，他还在坚持兑现自己的初心和诺言。夜深人静之时，他在写诗；旭日初升之际，他在填词。可以想象这是怎样的一种精神，有时甚至一首诗还未完成就又要出发；古时候的诗人有在马背上吟诗的，而彭桂福同志却是在车轮上写诗填词。这是怎样的一种意境呢。

相较于我国历史上浩瀚的诗词海洋，彭桂福同志的这本诗集也许是稚嫩的，也许只是沧海一粟，但是这本诗集的付梓出版，无论对中国内衣行业，还是对中国针棉织品交易会来说，无疑都是一个创举，也必将载入中国内衣行业、中国内衣文化建设和中国针棉织品交易会及其文化体系建设史册之中。

衷心期待彭桂福同志诗集的面市，也衷心希望行业内有更多有识之士重视品牌文化、企业文化乃至行业文化的树立和打造。衷心希望这本诗集的出版发行，能带动全行业和中针会掀起一轮文化建设、文化引领和文化推动的热潮！掀起一轮行业创新和发展的热潮！

中国纺织品商业协会会长　李建华

序二

为了明天

不记得从何时开始我与内衣行业结了缘。随着时间的推移，这个缘竟越结越深，越结越厚。随着这个缘的越深、越厚，我对内衣企业、内衣品牌和内衣行业也日渐了解、日渐期待。了解与期待中也渐渐多了一份担心和忧虑。

二十年来，中国内衣行业有了长足的进步，产品丰富了，品质提升了，品牌有影响了，集群壮大了，消费也逐渐升级了。但是，随着近几年的深度调整，问题也逐渐暴露出来。这些问题蒙蔽了一些人的眼睛，动摇了一些人的信心，侵蚀了一些人的利益，同时也唤起了一些人的觉悟，引起了一些有识之士的深思。虽然说行业调整是行业发展的正常现象,但在还没有经历过大风大浪洗礼的内衣行业，还是令不少人措手不及甚至是惊慌失措。

中国内衣企业、内衣行业从一开始就是自发生长、自助成长、自由竞争、自立自强。这个特点也造成了很多内衣企业定位不清、价值观不明，没有中长期规划，也没有战略思路。说到底，就是没有生长出企业文化和品牌文化，当然，行业文化自然也就会缺失了。

人总是要有精神的，企业总是要有自己独特的价值观的。同样，一个行业需要持续发展，自然就需要文化引领。

我与彭桂福同志相识十多年了，用一个词语或一句话评价，他留给我的印象是刚开始的敬业，到后来的专业和奉献，再到后来的是（对行业、对企业广泛和深入的了解以及知识渊博）。对他写诗填词的了解，最初是每逢年节他发给我的自创祝福诗词。每当这个时候，我就会感觉到这是一个有文化内涵的人，是一个与众不同的人。但令我没有想到的是，他竟然还把自己的文学修养用到了为企业和品牌服务上，用到了品牌的宣传推广上，用到了行业文化上，这一点既令人惊叹，又令人敬佩。

唐诗宋词元曲造就了许多大文豪，也造就了许多脍炙人口的作品。今天的国人尽管大多已不会写诗填词，但对诗人、对名句的敬仰和铭记却从未停歇。中央电视台近年推出“中国诗词大会”栏目，再一次点燃了国人对诗词、对中华民族传统文化的热情。

回到开头我所说的对行业的一份担心甚或忧虑，其实主要的问题就是“文化的淡漠甚至缺失”。一个企业、一个品牌、一个行业，如果没有文化基因和文化脊梁，那必然是不可想象的，也必然是难以持续的。

彭桂福同志能想到为内衣企业、内衣品牌写诗填词，这充分说明了他对行业的深厚感情和独到认识，也说明他在为塑造内衣文化努力着、实践着，这令我很佩服。

中国内衣企业需要文化力量，中国内衣品牌需要植入文化血脉，中国的内衣行业更需要文化的引领和提升！彭桂福同志这本诗集的出版，也许会打开中国内衣行业的新世界，打开行业的另一扇大门。衷心期待行业内有更多人响应、参与！衷心期待内衣行业文化的繁荣！衷心期待文化引领行业不断迈上新的台阶！

中国纺织工业联合会副会长
杨纪朝
中国针织工业协会会长

灵动文化　服装飘香

彭桂福会长是纺织服装行业一位专家型的领导。我与桂福会长结缘于纺织服装产业快速发展的21世纪初。在我印象里，他待人谦虚，是一位有亲和力的人。他谈起纺织服装有如一种哲学，对产业的发展有着自己的见解。随着时代变迁，他用岁月积淀的智慧，以宽广的视野，悠然的心境，把优秀的传统文化与产业发展交融起来，去应对挑战。同时，他又是这种智慧信息的传播者，不断为行业发展注入现代的内容。

他不仅是行业发展的探索者，也是一位诗词的热爱者。诗词是中华文化的瑰宝，是一种阐述心灵的文学体裁，而诗人则需要掌握成熟的艺术技巧，按照音节、声调和韵律，用凝练的语言、充沛的情感以及丰富的意象高度集中地表现社会生活和人类的精神世界。服装是文明社会生活文化最直接的表现之一，内衣更是最吸引眼球的现代时尚，彭桂福会长作为改革开放以来我国服装行业发展的见证人和主要参与者，从文化立业、文化引领的高度，深刻认识到塑造行业文化对行业发展的重要性和紧迫性。

让我惊叹的是，他将中国经典文化与产业做了如此巧妙的结合。让经典文化和传统行业在一个新的文化高度上达成一致，仿佛两者在精神上有某种血缘关系，让人眼前一亮。我认为他是将经典文化与行业和品牌有机融合在一起，实现行业文化创新提升的第一人。

本书是作者对我国纺织服装行业思考后的文化沉淀，书中以古诗词的形式对我国几十个成功内衣品牌的特色做了概括，并附部分品牌的背景简介，让读者更好地理解诗词、理解品牌。当一本行业知识的书籍，以诗词歌赋的形式传达着思考，他已经将其上升到艺术的高度。所以，我们可以以作者的方式去看这本书，体验经典与创新的方式，感受作者对行业的挚爱。相信本书会让人赏心悦目，带给读者一份值得珍藏的高雅情怀。

诗歌是一种有着穿透力的文化，连接着历史、当今与未来。这本书从信息的承载上将给人们提供品读、参考，甚至触摸这个时代的历史价值。在某种意义上，彭桂福会长是品牌文化的构建师，他引导品牌对其形象、文化进行再思考，这其中也凝结着他对纺织服装行业的一往情深，同时也激励着同行在文化构建领域打造企业品牌发展理念，进行永远的创新和探索。

中国纺织出版社原党委书记
迟宗君
中国纺织报社原社长

优雅中国　优雅内衣

时尚莫过于内衣，传承莫过于文化。而文化之于内衣，莫论人与事之角度，莫论时间与空间之角度，也莫论匠心与品牌之角度，更莫论持久与传承之角度，目前皆无从谈起。

这段话听起来有点拗口，却也是本人深思熟虑之结果。本人也算是一个资深内衣人了。说起内衣的时尚性，这本应该是一个无须探讨的问题。

就这个话题说开去，其实我们每年的大秀也是绞尽脑汁、煞费苦心，公司上下都要忙活很久。目的就是要做出特色，就是要不辜负大家的期待。之所以会如此努力，我认为，关键还是在于“文化”二字。如果没有文化的承载，时尚恐怕也就会黯然失色了吧。

近年来，内衣行业内几乎都在谈文化，也有人尝试做文化。但效果如何，我想这是仁者见仁、智者见智的事情。百科全书上说“文化是指一个国家或民族的历史、地理、风土人情、传统习俗、生活方式、文学艺术、行为规范、思维方式、价值观念等”。网上说“文化的内部结构包括物态文化、制度文化、行为文化、心态文化（如价值观念、审美情趣、思维方式等）”。我在想，内衣文化属于哪个层面，应该哪个层面都有吧。引入这段话，无非是想说明文化之于内衣的重要性，以及内衣文化的方向。

文化需要一批有识之士去发掘创造，文化需要载体，文化需要传播和传承。内衣文化也概莫如此。

说到内衣文化，也就回到了这篇短文的主题。彭桂福会长是内衣行业知名人士，也是内衣行业的领导，内衣行业的人既不认识也没听说过他的人恐怕不多。我与彭桂福会长的相识也有些年头了，虽然平时交往不多，但就像彭桂福会长一直关注、关心都市丽人品牌一样，我也一直关注彭桂福会长在内衣行业的工作。我觉得，他是一个为内衣行业无私忘我、倾情付出的人。

之前听很多人说彭桂福会长是一个文化人，尤其喜欢“写诗填词”。说实话，逢年过节我也收到过彭桂福会长自创诗词的祝福，但我对彭桂福会长的诗词一直没有一个完整的了解。直到 2018 年的“都市丽人”水立方大秀场，彭桂福会长突然说想请我为他的第一本诗集作序，并告知这本诗集中每一首诗都是为内衣企业、内衣品牌写的。我当时听了很惊讶、很激动、也有些忐忑。惊讶是因为竟然有人（尤其还是行业领导）为内衣企业、内衣品牌写诗填词；激动是因为内衣文化终于有了根苗，也是因为行业领导出一本文化类的书，竟然请我这个企业家作序，这是他对我和“都市丽人”的认可。作为内衣行业的一个上市企业，文化之于产品、之于品牌、之于企业，都是属于顶层设计的，都是属于创造价值、放大价值的。所以，我们一直在内衣文化之路上探索、付出。这一点，大家从每年的都市丽人大秀上也可以看到。

彭桂福会长为了内衣行业出诗集，这是值得所有中国内衣人重视和支持的事情。诗词是中华民族优秀文化的典型代表，也是几千年文明的重要载体。历史上著名的诗人灿若星河，但似乎没有谁为内衣着墨，这当然有深刻的历史原因和社会原因，我们没有理由也没有资格去责怪前贤，当然也不能拿彭桂福会长的诗词与前贤作比较（我想彭桂福会长自己也是如此吧）。但是，从“终于有人用文学作品来表达内衣情感、宣传内衣企业和品牌”这个角度来说，彭桂福会长的诗集可以说是真正内衣文化的一个重要发端。虽然它还是一株幼苗，还是一朵娇嫩的小花，但它终究是已经生长出来，有朝一日也必然会长成参天大树，必然会艳冠群芳。这一点是我和“都市丽人”的期待，也是所有中国内衣人的期待，是值得我和大家大力支持和参与其中的。

让我们共同期待彭桂福会长的诗集付梓出版，共同期待中国内衣文化灿烂辉煌的未来！

都市丽人董事长　郑耀南

序五

行走的行业之诗

彭桂福会长的诗，不是一般意义的诗，乃是行业之诗，他专注于中国内衣行业，书写中国内衣行业的人与事，弘扬中国内衣文化。

这样的诗，其实颇不容易写。首先，要对整个内衣行业有整体的了解，有前瞻的引导；其次，还要和从事内衣行业的各个公司、各位老板乃至普通员工有深入的接触，有基于理解之上的真爱。恰巧彭桂福会长就是这样一个熟悉内衣行业且引领内衣行业的人，一有着浓浓诗情的人。

彭桂福会长的诗，是行走的诗。在中国内衣协会工作几十年，他一直不停地奔走，以他的满腔热忱，去拥抱从事内衣行业的人，去发现内衣行业不断涌出的与时俱进的新鲜事，去建设中国的内衣文化。中国著名的和不著名的内衣企业，他全部了如指掌，各个内衣公司的老板，全是他的兄弟姐妹。策划大师叶茂中先生说，中国各行各业的会长我认识一大把，彭桂福会长是最接地气的。

彭桂福会长的诗，是抒发时代精神的诗。他在《沁园春·女神梦》中写道：“举创新利剑，风华正茂；专利层出，工匠心筹。电商崛起，线上线下，百届再战万户侯。”这不正是对我们这个时代所提倡的创新精神与匠人精神的讴歌吗！

彭桂福会长的诗，是拥抱梦想、抒发兄弟豪情的诗。他在《七律·暖心》中写道：“十五年前初识君，大江南北有佳名；传承奥林匹克志，温暖千家万户人。产业升级找出路，生物科技谋转型；百届再展鸿鹄志，精英回归任我行。”

彭桂福会长的诗，是赤子的诗。他行走江湖多年，深知世道艰险，却始终怀有一颗赤子之心，因此凡是认识他的人，都愿与他交朋友，和他称兄道弟。可以说，彭桂福会长是真正的性情中人。他在《浪淘沙·贝贝在心尖》中写道：“贝贝在心尖，赤子天然。贴心舒适好睡眠。健康时尚重细节，满意心欢。自然简约范，优雅理念。自由风格醉休闲。婴童睡衣我来也，爱满江天。”

毋庸讳言，彭桂福会长并不是一个所谓的专业诗人，他的诗从专业角度可以挑出许多毛病，如平仄不调、韵脚不协、对仗不工、境界不高古等，但我们不能这样苛求一个以弘扬中国内衣文化为毕生抱负的人，诗于他，只是副业，他已做得相当出色了。

读这样的诗，除了能陶冶性情外，还可让人们了解到，在当今中国大地上，生活着、工作着这样一群内衣人，他们为了让每一个中国人能穿上贴心舒适的内衣，为了中国的内衣事业，为了中国的内衣文化，为了早日实现中国梦，正在努力着、奋斗着。

让我们为这样的诗，为写诗的人，为诗中所抒发的中国内衣人的豪情壮志，鼓掌欢呼！

黑天一羽

2019 年 1 月 23 日于佛山根塬居

诗与远方，开启新一轮内衣行业文化盛宴

彭桂福会长的《渔樵耕读　中国内衣品牌与文化耕耘谱》即将付印，欣赏之余，回顾他多年来以宏观与微观的不同视角，穿梭于各大内衣产业集群实地考察、进行行业分析，与内衣行业的企业家们深度交流沟通，身体力行推动中国内衣行业的发展变革，我认为这本书就是推动“中国内衣行业文化之发展”的启示录，就是适合广大成长型企业在当今“乱市”生存、壮大和发展的经验集。

诚如上面标题所说“诗与远方”，致力于构建行业生态和广大企业的市场战略，必须经过反复锤炼、锻造，才能让自身更加坚韧和强大，必须经历长期洗礼、优化，才能沉淀和凝结出一套适合自己的战略思想和理论方法，才能形成自身的文化和符号，来引领发展和影响未来。

内衣行业需要靠文化来引领。任何行业，没有文化支撑只能是短暂的崛起，没有文化底蕴也只能是脆弱的强大，当今世界看中国，中国元素的走红是因为中国近年来国力的强大，更是因为中国五千年来文化底蕴的厚积薄发，今天的我们，应该由囫囵吞枣地向西方学习回

归本位、回归自我，回归到五千年的历史长河中去寻找属于我们的自信，寻找属于我们的哲学和智慧。

面对当下的市场环境和竞争特征，如果企业不具备与之相宜的战略思维，很难避免被淘汰的厄运，而最有效的战略思维和最有利的战略制高点，就是文化。所以，企业、品牌和人的文化的构建，是未来每一个成长型企业任重而道远的事业，本书给了我们面对发展的正确心态和智慧，也给了我们最佳的思想指引，同时，也是今天社会对行业的殷切期盼。我相信，在这个最关键的时机，本书的出版，会对更多同行的企业文化和行业文化建设具有巨大帮助。

在本诗集中，彭桂福会长有对“奥丝蓝黛”品牌的嘉许和鼓励，并对“羽绵内衣”的品类创新点赞，他用优雅的字符简明精准地道出了时佳实业和奥丝蓝黛品牌文化以及战略的精髓，我备受感动鼓舞。让我更加崇敬的是，在陪同时佳实业走过的这些年，不管遇到任何挑战或者机遇，彭桂福会长都一直在为奥丝蓝黛品牌献策建言，让我们更加有底气、更加有前行的希望。感激之余我总在想，为促进行业发展，提振行业信心，树立并弘扬行业文化，以文化引领行业未来，这不仅仅是行业领导的职责，更应该是行业所有人的使命和责任，更是奥丝蓝黛的责任，过去这些年如此，未来若干年也应该如此，我会将它升级为奥丝蓝黛的战略，担负起行业责任，共同推动行业文化发展，推动品牌建设和品牌文化提升。

希望更多的企业家、行业人能从彭桂福会长的作品中受启获益，迎接内衣行业“文化自信、文化制胜”未来趋势所带来的机遇和挑战，真正实现企业发展的更大飞跃，保持基业长青。

我非常期待《渔樵耕读　中国内衣品牌与文化耕耘谱》的出版！

我非常期待迎面而来的内衣行业文化盛宴！

时佳实业董事长
奥丝蓝黛创始人　张植强

推荐序二

矢志不渝

我与中国纺织品商业协会内衣委员会彭桂福会长相识已有多年，他极具个人魅力、吐属不凡，有幸经常能与这样的行业专家交流学习，并得到指点帮助，受益颇丰，甚为感谢。对于彭会长，首先要向他的初心致敬，作为纺织服装行业的领头人，他忠一事之心，尽一己之力，始终在为中国纺织行业奔涌着逐梦的力量，奋斗在最前沿。彭会长对中国纺织行业有许多参悟，可谓极其深刻。这些对纺织行业的参悟，绝不是空洞的理论，而是他从事行业多年的总结。这些参悟十分宝贵，希望大家仔细阅读，以汲取其中有益的东西，作为指导自己的参考。

当得知彭会长自己要出一本书，想让我写几句话作为序。我并不敢为彭会长的著作写序，但又盛情难却，只好写点不能作为序的序，以应所求。正好前些时日，我参加百届中针会后对未来内衣企业想要健康长远发展也有一些拙见。

娅茜集团作为一个内衣行业有多年历史的企业，发展向来是以市场、消费者需求为导向，市场、消费者不需要的东西，哪怕别人把它说成一朵花，我们也觉得没有任何意义。娅茜集团先后与多家国际知名品牌商建立了长期战略合作关系，在缅甸仰光建有分厂，产品出口欧洲、南美、澳大利亚、中东、东南亚等 70 多个国家和地区，对外合作方面纵深推进国际战略，积极参与全球竞争。

彭桂福会长对中国纺织行业有着真挚的情感。在此，我要特别感谢他经常在百忙之中应邀参加娅茜集团的新品发布会，每次见面相谈甚欢，彭会长言语极风趣，他夸赞娅茜集团国内外市场布局广远，专注于内衣领域创新发展，重视产品研发、自主品牌研发深入；他代表行业充分肯定娅茜集团的成功转型；今年，由彭桂福会长领衔主导的“百届中针会·百城千店万里行”活动，他亲自前往多个省份上百个终端企业进行调研，深入了解当地内衣市场情况、解决零售终端销售问题，传递行业信心和正能量，我们对他钦佩至极。

站在新时代的起点上，娅茜集团将与中国纺织品内衣行业一起继续不忘初心，始终坚持以高品质打造国际著名品牌为目标，扩大自主品牌知名度和影响力，为推动中国纺织品内衣行业的发展做出贡献，让世界爱上中国品牌。

黄栩潇

2018 年仲夏

推荐序三

相见恨晚　恰逢其时

为内衣行业写诗是很少见的，不过这个历史被彭桂福会长改写了。

众所周知，彭会长作为中国内衣行业协会的会长，是个大忙人，一年之中，大部分时间在全国各地走访、调研市场，出席各类行业会议。

我每次与彭会长交流，都能深深感受到彭会长的渊博知识，高瞻远瞩的眼光，他能在市场中及时发现行业的发展方向，而且及时分享给内衣人，这一点的确难得。

在 2018 年的百届中针会之际，我有幸拜读了彭会长的佳作，很好地剖析了中国内衣企业的具体状况和未来目标，字字经典、句句蕴含哲理，开启了内衣行业新时代的文化发展史，引领广大内衣企业在注重产品、营销的同时，必须加强文化的植入，如何做一个有内涵、有文化的百年品牌。

的确，彭会长的《渔樵耕读　中国内衣品牌与文化耕耘谱》的出版将填补内衣行业文学艺术的空缺。同时，本书的出版，也更好地迎合了内衣新时代的发展，行业需要诗歌，需要文学艺术来作为发展的原动力和核心文化。未来 3~5 年，我国将迎来创新、创业的黄金时代，然而时代的变革和产业的变迁更离不开平台的推广、文化的包装和沉淀，比如“欧蜜莎、安慕莎”品牌内衣作为国内知名二线内衣品牌，深知在“互联网 +”时代，品牌渠道建设和品牌推广除自身内功外，必须借助外力，“中针会”就是品牌外力，是行业展会的金字招牌，是行业发展的风向标、品牌成长的孵化器、时尚潮流的领航者。

合作、共赢是 21 世纪的时代潮流，借助外力如虎添翼，可达事半功倍之效。让我们借助“中针会”这个平台，仔细研读《渔樵耕读　中国内衣品牌与文化耕耘谱》，开启内衣新时代的文化史。

佛山市欧蜜莎内衣有限公司总经理　邓跃进

2018 年 5 月 25 日于盐步

推荐序四

生活因诗而变得更加有温度

人生其实一半是理想，一半是现实。

理想丰满得可以“面朝大海，春暖花开”，而现实骨感得可以“安能摧眉折腰事权贵，使我不得开心颜”。可惜我既没有海子的豁达，也没有李白的豪迈。但这并不影响我对美好生活的向往，对诗与远方的追求。

我与中国纺织品商会协会常务副会长、内衣委员会会长彭桂福亦师亦友，因为同处内衣行业，作为行业的领导，彭桂福会长长期为内衣行业健康发展积极呼喊，以传播正能量、搭建平台在推动着行业向前发展。多年的行业深耕，彭会长以自己的真性情感染着众多人，以一身正气与善良影响着许多人，所以他也成了许多人的朋友。其实，人与人的交往，是交心，同一频道，同一方向，能形成一个磁场，让更多的朋友因道同而走在一起。

人都有感性与理性的一面，理性地对待事物发展的规律，感性地与朋友秉烛夜谈、相互扶持、相互发展，这才是人与人之间最珍贵的情感。因此，于公于私，彭会长都是我的老大哥，引领着我前行的脚步。

作为行业领导，工作中彭桂福会长站得高看得远，从政策层面、行业发展现状与趋势，他无所不通，在厂家、代理、终端和顾客、市场之间，他亲自为企业的品牌发展建言献策，为行业的发展深入市场，了解市场动向，搭建交流与商贸平台，促进行业健康发展。

生活中他是一个性情中人，与人为善，没有领导的架子，平易近人，以老大哥的心态与每个人交朋友。他热爱生活，八小时之外，揽全国风景名胜，借景咏物，以诗句意境表达心中的感情，言情喻义，可以说，彭会长的诗歌成就自己，也影响着众多内衣行业的人。工作不是冷冰冰的，也有温度，彭会长的诗歌也在影响着我，让我无论在任何时候，都没有丧失对美好生活的追求，在任何时候面对任何挫折，都能在诗歌中找到智慧与勇气，去直面人生的种种考验，并且积极应对，更加坚定地走下去。

在物质时代，人都会有一种追求，特别是敏感的人，对某项事更是有执着的追求。彭桂福会长对于诗歌的追求，让他的才华得到更多人的认可与追随。而我对于工业文明的追求也达到了如痴如醉的境界。其实，写诗的彭桂福会长与做实业的我有异曲同工之意。自进入内衣行业以来，高举技术创新，在内衣无痕技术开发与拓展方面注入全部心血，特别是内裤行业的无痕技术，可以说，我的执着，芭蒂欧品牌的执着，开创了男士内衣的无痕技术新领域。

这种技术改革，带来的不仅是工艺的变革，更是开拓了市场的新蓝海，带来了新的财富增长点，让消费者感受到内衣所带来的生活质量的提升。

品格造物，10年无痕，这是2018年对我自己与芭蒂欧的一种定位。工业文明时期，社会分工更加细化，工匠精神与企业家精神成为一种新的旗语与方向。我们以工艺作为出发点，强化管理，做极致的产品，联动平台，共同发展。在新的思维下，运用新思路，寻求新发展。从开拓无限领域，到今天桃李芬芳，已是十年，无论是我还是芭蒂欧公司，在前行的路上，深耕细作，我们努力过，付出过，也收获过。站在历史厚实的脚印上，我们无怨无悔。

时间滑到现在，是一个节点，更是一个起点，在面对机遇与挑战时，我们从"心"出发，让芭蒂欧的工匠精神与彭桂福会长的诗，让工业文明与精神文明有机结合，蕴藏与发酵。2018年，彭桂福会长多年的心路历程变成硕果，能让我们在墨香中看彭会长激扬的文字，扬江山社稷之浩气，抒人世凡间之情怀，或歌或咏，抑扬顿挫、慷慨激昂，这是思想的共鸣，更是情怀的升华。芭蒂欧以工业立市，高扬工匠精神的旗帜，一针一线，赋予服饰灵魂，让服饰文化去感染人，激励人。所以，诗意的生活与精致的服饰，传递着一种价值：生活因诗而变得更加有温度。

里根曾说过："人们历来认为，诗歌有一种神奇的力量,因为它能振奋起人的精神。”无论是写诗的彭桂福，还是做实业的刘绿洲，其实，都是行走在路上，诗与远方，是一种向往，更是一种期盼，当工业文明与中国几千年的文化灵魂相碰撞时，更多的是以一种崭新的姿态在绚丽绽放。

当彭会长的作品《渔樵耕读　中国内衣品牌与文化耕耘谱》付梓出版时，正值芭蒂欧公司成立十周年。这是一种历史的巧合，更是一种新的希望。十年，无论是对我，还是芭蒂欧公司，都是一种铭记。三千多个日日夜夜，无时无刻我都在为企业的发展呕心沥血，就像对待自己的孩子一样，培育着芭蒂欧，让它茁壮成长。我为之付出，同时也收获着，这种收获更多的是精神的嘉奖，在工业文明中，我们以诗意的情怀来完成历史交给我们的使命，让青春无悔，让人生无悔。

生活因诗而变得更加有温度！人生因追求而无怨无悔！

愿芭蒂欧的工匠精神，品格造物的极致服饰，为人们提供一种新的生活方式。

愿彭会长的诗歌成为人们前行的航向灯、情怀与格调，让人们在追求美好生活的路上，与诗为伴，精彩随行！

芭蒂欧服装有限公司创始人　刘绿洲

推荐序五

内衣书　行业情　长歌行

——写在彭会长首部诗集付梓之际

中国内衣，源远流长。
时代更迭，世事流转。
唯楚有材，于斯为盛。
湘江耒水，文化滋长。
市场春风，劲吹神州。
崛起动力，助推发展。
服务宗旨，一以贯之。
凝心聚力，共绘蓝图。
百届中针，流光溢彩。

协会搭台，品牌唱戏。
产业纪行，穿针引线。
大江南北，风生水起。
线上线下，零售创新。
互联互通，品牌升级。
倾情卅载，呕心沥血。
结义八方，荣辱与共。
桂冠征途，一路同行。
福泽行业，与时俱进。

上海北极绒集团

2018 年国庆

目 录

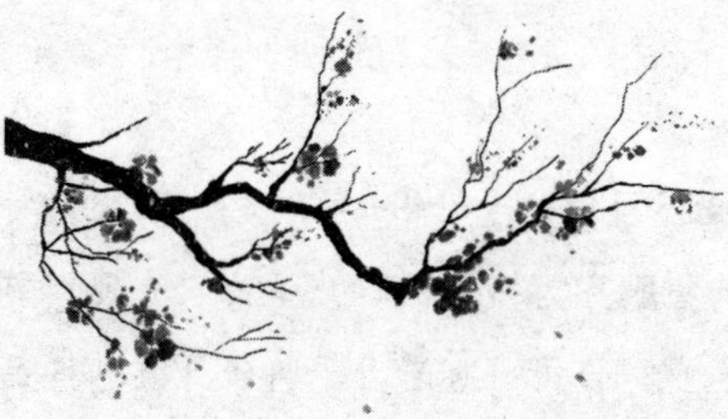

沁园春·女神梦

赠仙宜岱股份有限公司

2018 年元旦之夜于北京家中

一枝独秀，练江东去，闽尾粤头。产学研连线，科技领衔；北京挂牌，力争上游。国级信用，高新技术，三大品牌竞自由。望九州，向五湖四海，中外争锋。

二十年女神梦，军埠奠基华夏昂首。举创新利剑，风华正茂；专利层出，工匠心筹。电商崛起，线上线下，百届再战万户侯。再携手，秉成人之美，扬名神州。

【注释】练江：普宁主要水系；闽尾粤头：地理位置；连线：结合；挂牌：指“新三板”上市；“国级”句：指所获荣誉；向：面向；女神梦：指“以产品造就女神”为宗旨；军埠：普宁市辖镇；层出：即层出不穷；工匠心筹：筹，筹划、谋划；百届：百届中针会；万户侯：此指行业翘楚。

【企业背景】

仙宜岱股份有限公司创立于 1999 年，是一家集设计研发、生产制造、销售服务为一体的科技型内衣企业，首批“新三板”挂牌企业。公司一直着力于科研开发和产品创新，多项技术获得国家专利。旗下拥有仙宜岱、仙子宜岱、SPAKEYS 十八已三大品牌。产品种类包括健康功能型内衣系列，女士文胸及内裤、吊裙、家居服、塑身衣等配套产品。产品覆盖了国内各重点市场及电子商务渠道，远销美国、日本、韩国、马来西亚、中东及欧盟等国家和地区，深受消费者青睐。

仙宜岱一直践行“成人之美”的使命，不断奋发进取，努力创造优秀的品牌和卓越的企业，实现健康、可持续发展，创造更多价值，服务顾客、成就员工、奉献社会。

水调歌头·热爱

赠邓跃进

2018年元月2日晨于家中

醉心做品牌，坚守实体路。热爱内衣舞台，女性健康故。再次华丽转身，品牌内衣归宿，百折不回头。全品准专卖，业内拔头筹。

欧蜜莎、安慕莎，起宏图。要做行业标杆，引天下争睹。周期健康专家，简欧风格领袖，肌肤棉独秀。实体风口起，共领长袖舞。

【注释】故：原因，为了；“再次”句：指邓跃进两次转型，第一次从品牌经理人转型代理商，第二次从代理商转型品牌创始人；全品：全品类；拔头筹：指率先引入新模式；周期、简欧、肌肤棉：欧蜜莎、安慕莎的产品特点；风口起：此指内衣实体回升之风口；长袖舞：优秀、高超的舞蹈、舞技，此指行业风向。

【企业背景】

佛山市南海欧蜜莎内衣有限公司成立于2012年7月，是一家集产品研发、品牌推广、营销服务于一体的专业内衣公司。企业领军人物邓跃进董事长具有多年的内衣运营经验，毕业于清华大学EMBA，是内衣行业的权威专家，高级管理顾问,成功营运了3个以上二线品牌的传奇人物。

2013 年 1 月，欧蜜莎品牌在中国 10 多个省份陆续登陆，品牌定位为“周期内衣，健康专家”。2016 年 8 月，安慕莎品牌在中国 10 多个省份陆续登陆,品牌定位为“肌肤棉文胸，领航品牌”，研发第八代健康内衣——肌肤棉文胸。

面对未来，“为消费者创造幸福，为合作者成就未来”是公司的使命，“服务对象至上，服务质量领先”是公司的承诺。成为“顾客喜爱的健康内衣”，一定能打造“高坪效、高回头的内衣店铺”是公司永远的追求。

七律·旋风

赠广东普利诗内衣实业有限公司

2018 年元月 2 日深夜于家中

万家健康普利诗，四赢目标正当时；
创新意识连外脑，工匠精神铸品质。
舒适度乃平常事，性价比需众人知；
大江南北显靓影，神州内外美名驰。

【注释】四赢：普利诗的企业精神；连外脑：普利诗善于与大专院校（如西安工程大学）的专业人才合作。

【企业背景】

广东普利诗内衣实业有限公司（简称普利诗）创办于 1994 年，经过近 30 年的发展，逐渐形成了集男女装内裤设计、生产和销售为一体的纺织服装垂直产业链，成为拥有员工 1000 余人的知名企业，在同行中处于优势地位。

2013 年普利诗进行品牌全面升级，从品牌战略定位"一家人的内裤"到品类细化（男成裤、女成裤、男女童裤以及其他辅助产品）耕耘，立足于五年的全势发展，将普利诗发展成为家庭内裤的领军品牌。

公司严格遵循 ISO 9001 国际质量管理体系的要求进行运作，秉承"诚实守信、开拓创新、平等互利、厚德载物"

的经营理念，以“公司、客户、员工、消费者”四赢为经营目标，产品还远销港、澳、台、东南亚、欧美等十几个国家和地区，深受广大客户及消费者的喜爱和信赖。

沁园春·栩潇

赠浙江娅茜品牌管理有限公司

2018年元月7日午夜于杭州

江南风光，千里水乡，万里香飘。看碧波万顷，心志昂扬；城乡内外，人气滔滔。栩潇创业，娅茜扬名，试问天下谁人高。转型时，艾诗塔崛起，分外妖娆。

内衣如此多娇，引八方豪杰齐创造。千店私衣坊，惠民情节；免检驰名，各领风骚。三代明星，风光无限，娅茜面前竞折腰。新零售，创未来核心，全在今朝。

【注释】私衣坊：娅茜集团的连锁品牌之一，也是娅茜最早的连锁品牌；惠民：从品质、价格、服务多方面给消费者以实惠；“竞折腰”句：指三代明星在不同时期代言娅茜品牌；新零售：一种全新的商业模式：线上、线下、物流相融合，以消费者为核心，爆款思维，共享利他。

【企业背景】

浙江娅茜集团是中国高端时尚品牌集团公司，成立于1994年，是一家集服装和服装配饰设计、生产加工、产品研发、多品牌运作于一体的大型综合性企业，拥有国际视野及影响力，在多个国家和地区设有3000多家品牌店，目前有员工5000多人，分布在国内浙江、广东、江苏、香港以及美国、缅甸等多个分支机构，并还在增长中。

旗下设立娅茜女装、美国 JU 快时尚、艾诗塔快时尚、娅茜内衣四个女装品牌，且拥有浙江丽莱内衣有限公司、江苏娅茜内衣有限公司、缅甸娅茜服装有限公司三大生产基地。多品牌运作格局，分别诠释着娅茜对时尚的不同理解，实现了顾客群体全面覆盖，满足不同消费者的个性化消费需求。公司致力于成为国内一流、国际具有重要影响力的时尚产业集团。

念奴娇·安美拉

赠浙江拉手贸易有限公司

2018 年元月 8 日午夜于杭州

横空出世，安美拉，搅动人间春色。举起星火燎原势，带动万众新业。时尚针织，四季美丽，竞生姿摇曳。猴年以降，世人各种评说。

线上线下融合，潮流趋势，新零售角色。利他共享新核心，多方颠覆旧业。四大品牌，数十品类，翘楚越列国。老树新芽，传统变身卓越。

【注释】春色：代指内衣行业的时尚、性感特色；新业：指新零售；生姿摇曳：即摇曳生姿；以降：以来；评说：议论、讨论、传播；旧业：指传统行业；越列国：超越很多同行；“老树”句：指安美拉从传统行业转型创新而来。

【企业背景】

安美拉是中国著名针织新零售品牌，由“80 后”女性丁荔荔创立，主营针织品。安美拉在全国各地成立直营式产品体验中心，建设终端销售渠道，实现“生产厂家直达消费终端”的新零售模式，拥有集研发、生产、品控、仓储、物流、销售、服务与大数据分析的覆盖针织全产业链的闭环生态模式。

安美拉的前身是2008年成立的义乌丽嘉欣袜业有限公司。2014年通过传统针织＋互联网的跨界整合思维，力创“安美拉”新品牌，2016年实现了从传统实体到新零售模式的华丽转身。

未来，安美拉秉承“一念一生”的经营理念，致力于成就拉手集团，构建千万客户社群平台，帮助更多人实现人生梦想。

五律·羽绵内衣赋

赠广东省汕头市时佳实业有限公司

2018年元月10日晨于汕头

奥妙无穷处，丝丝入扣时；
蓝颜醉灵魂，黛色动瑶池。
驰驿三万里，名动亿人纸；
中心藏羽绵，外挺女神姿。

【注释】此为藏头诗，各句首字相连为“奥丝蓝黛驰名中外”；蓝颜：此处借指产品；瑶池：我国神话传说中王母娘娘宫殿所在地；三万里：泛指名誉传播很远；亿人纸：借用“洛阳纸贵”典故；“中心”句：指奥丝蓝黛羽绵内衣、羽绵模杯；女神：泛指奥丝蓝黛消费者。

【企业背景】

广东省汕头市时佳实业有限公司创立于1995年（其前身从1988年开始生产内衣），是集专业设计、生产、销售于一体的中高档内衣企业。所生产销售的“奥丝蓝黛”“奥丝蓝黛羽绵内衣”“黄金身段”品牌内衣以原创的精神、时尚的个性化风格深受广大爱美女性的喜爱。公司旗下拥有四大主力品牌：奥丝蓝黛、黄金身段、奥丝蓝黛羽绵内衣、新海花边。

公司目前已通过了ISO 9001：2008、ISO 14001：2004、OHSAS 18001：2007体系认证，2001年起，公司与时尚之都法国巴黎NO-BODIES内衣设计中心建立了国际信息技术交流合作，并于2005年、2011年成功续约。

本着“自强、实干、互助、价值”的企业精神，秉承“让高雅走向大众”的品牌理念，坚持以传播内衣文化为己任，让每一位员工与公司一起成长，历经十多年风雨，发展至今，已经成为内衣行业较为知名的企业。

满庭芳·激情浪漫

赠中山市彩意制衣有限公司

2018年元月10日午夜于普宁

激情浪漫，时尚经典，罗马世纪含笑。意国之爱，阶层有格调。莫道湘粤路途远，看东凤，德红诚要。工匠心，品质万里，神州竞妖娆。

香山，再鼎尚，底蕴深厚，得体自豪。展中国特质，中庸之道。幸福鲨鱼雄风，好儿男，不逊风骚。赞尚仁，品牌为王，百届再登高。

【注释】罗马世纪、鼎尚：皆为尚仁公司品牌名；意国之爱：秉承意大利设计风格；东凤：中山市东凤镇，尚仁公司所在地；德红诚要：陈德强、雷红波真诚相约，真情合作；香山：中山别称；底蕴、得体、中庸：皆为产品和品牌特质。

【企业背景】

中山市彩意制衣有限公司成立于1998年，是一家集设计、研发、生产、销售为一体的内裤服饰企业。2015年注册成立“中山市尚仁服饰有限公司”，集品牌运营管理、产品研发、销售为一体，建立中国大陆运营中心总部。

经过十多年的努力，公司成功打造了全国知名品牌

“威德龙”“罗马世纪”“鼎尚”“RC”，在全国几十个大中城市建立了强大的品牌产品销售服务体系，落实品牌经营战略，赢得了业界和广大消费者的一致好评。

水龙吟·翁氏三雄

赠浪莎集团

2018 年元月 12 日午夜于盐步

绸州多出名士，翁氏三雄今再现。龙头企业，妇孺皆知，多业互联。袜业内衣，央广首发，沪股占先。产业价值链，合作名企，频传播，金融连。

吸引只是初恋，树匠心，万民心愿。国家扶植，高新成对，产权试点。省誉六归，研创信息，专利示范。创宇内名牌，百年企业，舍我孰安？

【注释】绸州：义乌古称谓；今再现：接前句，即“现代名士”；多业互联：指浪莎从事的多个行业互相联合、互相促进；沪股占先：一指是行业内领先上市，一指业绩优良；“吸引”句：借用了其宣传语，并以初恋比拟；“国家”句、“省誉”句：皆指所获荣誉；孰安：谁合适？

【企业背景】

浪莎集团是立足中国的国际纺织企业，是全球布局、全产业链、拥有最大市场和发展潜力的针棉纺织服饰生产企业，集设计、研发、生产、销售于一体的全球规模领先的生产厂家之一。浪莎集团实践“稳扎中国、拓展国际”发展战略，致力于打造百年企业，争创世界名牌，构建袜子、内衣、服饰、家居、金融等具有浪莎特色的国际多元化产业集团。

浪莎集团成立于1995年，浪莎股份（600137）于2006年在上海A股成功挂牌上市，入市瞄准高档袜子市场，定位于做行业的标杆企业。浪莎集团旗下拥有浪莎针织、宏光针织、立芙纺织、浪莎小额贷款公司、蓝也薄膜、众米金融等十多家分公司及海外贸易公司，品牌价值高达80.12亿元。

七律·北极恋人

赠北京北极恋人服饰有限公司

2018 年元月 14 日晨于广州

北京内衣有婷淼，品质优良宇内俏；
研发生产系列全，经典时尚理念高。
名企名店广合作，常规保暖精营销；
善事利器大投入，誓为百届再出鞘。

七律·暖心

赠青岛赞美生物科技有限公司

2018年元月15日晨于广州

十五年前初识君，大江南北有佳名；
传承奥林匹克志，温暖千家万户人。
产业升级找出路，生物科技谋转型；
百届再展鸿鹄志，精英回归任我行。

五律·派士

赠浙江派士服饰有限公司

2018年元月17日午夜于无锡

磨剑廿四年，魂系一衬衫；
生产见匠心，市场论长短。
内外已兼修，人我同修炼；
衣被天下人，传我美名贤。

【企业背景】

浙江派士服饰有限公司是一家以生产、经营高级职业男装为主的大型服饰专业企业。公司的销售业绩近几年均以10%左右的增长率稳步递增，经营销售网络遍布全国各大中城市。从2002年至今，派士公司在全国的专卖店、厅、柜已达到300余家。

七律·心上人

赠义乌心上人服饰有限公司

2018年元月18日夜于北京

见情见性心上人，内衣品牌有灵魂；
先进设备来四方，优良品质靠匠人。
诚信合作共分享，创新发展好名声；
子承父业有后劲，再展宏图指日新。

【企业背景】

义乌心上人服饰有限公司成立于1995年，是有着23年针织品牌织造历史、集研发、生产、销售为一体的国内针织品牌织造行业龙头企业，其产品销售可链接到国内各省市5000家内衣终端店铺。公司自有品牌“艾丝丽”，引进最新的量子科技技术，以“新面料、芯科技”为核心竞争力，融合针织产品，结合中医经络穴位、人体工程学、脂肪游离学，以“不负美丽 健康身心”为宗旨，全面打造大健康美的品质生活，艾丝丽品牌现以全新的姿态展现非凡魅力，已成为美体塑形行业的一匹黑马。

七律·吴英俊

赠浙江凯洛琪服饰有限公司

2018年元月18日午夜于北京

女将一马定江山，品牌内衣非等闲；
匠心不是寻常路，转型誓要闯难关。
毅然合作新零售，决然布局全店面；
新品概自消费始，少帅再领一重天。

【企业背景】

浙江凯洛琪服饰有限公司是国内卓越的内衣标杆企业，秉承“优雅品味，魅力人生”的理念，公司主要生产精美高档常规内衣、保暖内衣、羽绒内衣、保暖裤等“一年六季，一天三换”系列产品，旗下品牌“凯洛琪”“舒心鸟”“香格丹奴”深受广大消费者青睐，是义乌市科技型中小型企业。公司设立专业的服装研发中心，与国内大学、科研院所进行不同层次的技术合作，公司还聘请国内知名设计师进行服装设计开发，根据最新国际国内流行趋势，瞄准世界先进水平，结合“凯洛琪”精致的制衣工艺，以市场导向新产品开发和技术创新，保证了服装款式与面料始终处于领先位置。

七律·羽翼

赠浙江剑利美针织服饰有限公司

2018年元月21日午夜于华阳

一从内衣出羽翼，便有市场好人气；
重信守诺定基础，绿色环保增张力。
驰名品牌有成色，文明单位添契机；
经典内衣新一代，面向二十一世纪。

【企业背景】

浙江剑利美针织服饰有限公司自1993年创建以来，现已成为集一次成型无缝针织内衣研发、生产、销售为一体的现代化高新技术企业。公司本着“以人为本，科技创新，诚信相待，品质取胜”的经营理念，以“互惠双赢，满意带给顾客”为宗旨，全力服务大众。

公司目前有“羽翼”“风情鸟”“诱惑（源自法国）”三大品牌，以无缝美体内衣、美体保暖、背心、短裤、运动文胸、功能型内衣为主推产品，是面向新世纪的新一代女性内衣品牌。生产工艺严格按照ISO 9001：2000和ISO 14000标准，使“羽翼”和“风情鸟”成为无缝内衣的翘楚。公司坚持用企业文化提升企业核心竞争力，使企业在发展中树立起良好的社会形象。

蝶恋花·琪多姿

赠浙江琪多姿服饰有限公司

2018年元月23日晨于成都

内衣时装双飞凤，无缝美体，服装添运动。日欧设备君齐拥，内销外贸双轨重。

感恩精神上下同，拼搏意识，创新人人颂。共赢理念贯始终，琪多姿圆中国梦。

【企业背景】

浙江琪多姿服饰有限公司是一家集自主研发、生产、营销、服务为一体的专业化无缝内衣企业，公司成立于2008年，主要产品有塑身内衣、男女内裤、运动服饰，主要出口到欧美等发达国家，公司配套有包纱原材料生产厂房，在原材料方面拥有自主研发及生产能力。目前，琪多姿正以品牌化运营模式启动国内、国外市场，打造业界充满活力和竞争力的内衣品牌，并致力成为中国时尚内衣的领航者。

七律·赛宝纺织

赠义乌市赛宝集团控股有限公司

2018年元月24日夜于四川南部县

量子技术军转民，赛宝纺织已先行；
纳米改造原结构，量子植入保康宁。
纺织融合新技术，科技改变旧黎民；
健康质量要重视，转变观念万物新。

【企业背景】

浙江赛宝集团控股有限公司是集纳米科技研发、量子技术植入、纺织工艺融合、健康产业研发等多元化发展的企业，致力于为传统企业植入、嫁接健康产品。

公司在积极提高企业技术中心研发水平同时，加大与中科院量子科学应用研究所的合作力度，以传统针织产品理念为指导，围绕“中国梦、健康梦”的企业理念，打造出具有赛宝特色的世界一流的产品！

七律·咏皇家玫瑰

赠广州泺聚科技有限公司

2018年元月27日晨于成都

自从中州起风云，皇家玫瑰下凡尘；
西湖品茗论天下，建康论道启众人。
舒适已成平凡事，惠民方是大工程；
百年蓝图同心绘，共创共享八方赢。

【企业背景】

皇家玫瑰从2014年底开始筹备，2015年众筹完成。皇家玫瑰精准定位于无钢圈文胸，并将目标客户锁定为18~55岁注重乳房健康、追求高品质生活的知性优雅女性。皇家玫瑰的一切行为都围绕用户展开，为消费者提供高品质、平价的舒适健康文胸，在简约、优雅、高贵、时尚的品牌风格下，带给消费者舒适保养、健康呵护的穿着体验和挺拔身姿。

“满足消费者”贯穿在皇家玫瑰的产品研发、生产制造和传播过程中，并通过三个层次来体现：最好的技术造极致产品（工匠精神）；让中国每一个女性都用上健康、高品质平价的健康文胸；成就消费者的美丽梦想。

在更远的未来，皇家玫瑰有一个更大的梦想：作为一个开放性的平台，向更多的零售商、职业经理人，甚至消费者开放，将他们引进到产品设计、开发环节，让他们参与价值创造。“用三年的时间，将皇家玫瑰打造成中国领先的中档内衣品牌。”

七律·仕乐

赠大连金途服饰有限公司

2018年元月30日晨于北京

贴肤产品保健康，仕乐品牌入商场；
专柜百家布网点，坪效前茅加电商。
西甲指定扬国威，大商合作助兴旺；
省市荣誉已加身，再借百届添翅膀。

五律·棉一彩

赠北京棉一彩服饰有限公司

2018 年 2 月 9 日夜于北京

北京棉一彩，肃宁手相携；
守信最平常，保质心坚决。
保暖再美体，多品又特色；
壮哉大内衣，薄利多销诀。

五律·博时

赠肃宁县花盛针织制衣厂

2018 年 2 月 9 日午夜于北京

花盛开肃宁，博时美其名；
专注文化衫，兼重保暖心。
质量争第一，信誉保根本；
百届再盛开，沧海我独行。

五律·艾伦雪

赠肃宁县欧莱美服装厂

2018年2月11日于北京

沧州古有名，肃宁添颜色；
文化衫称雄，保暖衣精彩。
质量欧莱美，信誉艾伦雪；
一步一脚印，崛起在上海。

贺新郎·创雅诺

赠中山市宏时服饰有限公司

2018年2月12日午夜于北京家中

创舒适高雅，二十八载守诺言，娓娓轻诉。秉英伦设计血统，九年连获双殊。品质超越国一去。连番合作双飞誉，百届携手慧眼独具。冠宇内，品质铸。

贴身顾问一生路，基本属性不放松，共赢财富。精雕细琢树匠心，一骑绝尘孤旅。精工原来四方聚。长期信任是愿景，坚持不懈绝对难度。理念新，擎天柱。

【注释】双殊：省名牌产品，省著名商标两项殊荣；超越国一：超过国家一等品；双飞誉：品牌与展会皆誉满业内；孤旅：领先者寂寞；精工：指设备，亦指工匠。

【企业背景】

中山市宏时服饰有限公司始建于1989年，是一家集研发、制造、营销、推广为一体的内裤、内衣企业。公司以“创雅诺”品牌内裤、内衣和家居休闲服饰为主导产品，多年来，坚持重点打造研发团队，准确把握国际市场的流行趋势，款式时尚、面料舒适、设计创新、工艺精湛、产品优质，使“创雅诺”荣获多项殊荣。

企业拥有专业的设计团队，首席设计师分别毕业于英国伦敦艺术大学内衣设计专业及英国金斯顿大学时装设计专业；“创雅诺”品牌以高标准指定国内外知名原料供应商，从棉纱采购到纺织，从染整处理到后期生产，每道工序每个环节都精雕细琢，品质标准高于国家一等品，达到国际先进标准水平。

满庭芳·北人南渡

赠中山芭蒂欧服装有限公司

2018年情人节于衡阳

北人南渡，扎根小榄，一时名动关山。无痕专家，引领一片天。创新缔造工艺，先行者，开创指间。做精品，匠心智造，创品牌梦圆。

理念，做极致，关爱文化，八方圆满。核心竞争力，创新不断。革新产品理念，精国货，追求未变。刘绿洲，洛阳君子，矢志永超前。

【注释】北人南渡：洛阳人广东创业；关山：借喻全国；指间：举手投足之间。

【企业背景】

中山芭蒂欧服装有限公司成立于2008年，成立之初，公司总经理刘绿洲以“定位策略”与“切割营销”开创性地提出“精品内裤”全新品类，也开启了男士内裤的新领域与新品类。芭蒂欧以走“产品创新+匠心质造+高性价比”的产品与营销策略定位，使公司获得快速发展，经过几年的市场培育，已成为男士内裤领域的旗帜与标杆。公司高举技术创新的策略，深根无痕技术，由刘绿洲开创并推广的莫代尔“无痕贴合”技术，不但颠覆了男士内裤自诞生至今以人工和机械“针线缝制”的传统工艺，还让起步的中国男士内裤第一次在工艺上超越欧洲大牌。

公司旗下拥有知名品牌“芭蒂欧”“BD”“年代秀”等众多品牌，定位清晰，以不同的定位服务于不同的人群。

临江仙·皇庭世家

赠中山皇庭世家服饰有限公司

2018年2月15日午夜于常宁

芸芸众生匆匆过，绝难忘你颜容，极致诱惑已成风。壮志今犹在，千里任从容。

完美无瑕在观感，精雕细琢走红。二十四载从来重。生活艺术品，艺术生活中。

【企业背景】

新锐设计师品牌企业中山皇庭世家服饰有限公司创立于2010年，专业设计、生产、销售高端男士精品无痕内裤。

企业创始人谢必胜先生是中国纺织品商业协会内衣委员会副会长，从事内裤相关策划设计25年，曾为国际国内知名品牌提供设计服务，是我国内裤行业奠基者之一。旗下品牌有“皇庭鸟”和“皇庭密码”。

皇庭世家创业至今，一向重视板型开发、花色设计与产品制造的精雕细琢。精准把握时尚脉搏，致力打造新生代内裤企业的品质典范。企业始终追求“完美视觉”与“舒适体验”的完美结合，赋予所有产品难以抗拒的穿着诱惑。

渔家傲·品

赠中山市品者服装有限公司

2018 年 2 月 16 日晨于常宁

内衣湘军风云起,品字一出有深意。快时尚惹游人醉,归一体，品者品妆同比翼。

敢闯敢试无惧意,天下逐鹿善学习。新秀品牌有天地,网络密，江山总被新人洗!

【注释】 归一体：既指购产销一体化，又指两个品牌同出一体；善学习：指曹炽亮爱学习、会学习；新人洗：既指新人引导行业洗牌，又指新旧兴替。

【企业背景】

中山市品者服装有限公司成立于 2011 年，是一家集研发、采购、生产、销售于一体的专业性内裤企业。旗下现有“PEOZE 品者”“品妆”两个品牌在国内运营，经过多年努力，“品者”由初期小作坊开始转向规模化品牌经营，创立以来，始终坚持以市场需求为导向，以客户为中心，坚持自主原创。

“只为舒适生活”这一品牌理念将指引全体“品者”人，以“做中国领先的内衣品牌”的高标准要求自己，推动行业内的良性竞争与共同发展。

天仙子·贴身呵护

赠中山市芬蒂雅内衣制造有限公司

2018年2月18日午夜于永州

贴身呵护卫男神，轻松舒适好人生。卓越品质时尚令。立体性，细节胜，真男人无限可能。

完美性感释女神，舒适健康美光景。国际前卫醉流行，优雅景，要随性，人体美学无捷径。

【注释】 男神：此指男性消费者；令：节令，指令；女神：女性消费者；醉：醉心，陶醉。

【企业背景】

中山市芬蒂雅内衣制造有限公司以专注内衣行业多年经验为基础，公司通过对质量管理体系的严格把控，敏锐的行业触觉以及对潮流时尚的前瞻探索，屡屡为市场带来充满生命力的产品。

芬蒂雅以“专注以始，专一以行”作为企业理念，力求为客户提供做工精细，款式新颖，品质优良的针织内衣内裤产品。经过近二十年专业生产的积淀，公司凭借良好的口碑赢得包括全棉时代、鹿岛生活、安踏等国内外客户的信赖。展望未来业态，芬蒂雅将竭诚开拓线上线下市场，整合资源。用品牌说话，以产品代言，在追求“物美价廉”

的道路上给客户与消费者一个圆满的答案。

满庭芳·量子亿族

赠杭州亿量科技有限公司

2018 年 2 月 25 日夜间于家中

量子亿族，顶尖专家，权威机构导航。量子植入，竟永久气场。量子纠缠技术，赫兹波、时空走廊。微循环，瞬间打通，改善亚健康。

技术，第三代，七大效应，直播电商。厚德有大爱，普惠共享。电商平台宏图，展产业、民用特长。惠亿民，改善三高，健康生活享。

【注释】 导航：保驾护航、背书；竟：竟然、居然；“量子纠缠技术”句：皆指量子技术，亦即产品特点；展：发展；三高：体检指标。

【企业背景】

杭州亿量科技有限公司携国内外顶尖科学家，并与中国管理科学研究院量子科学研究所量子技术研发中心合作，从研发、测试、升级、优化着手，近十年，投入巨资研发世界首创的量子科技技术，拥有自己独家研发的量子能量植入舱。

公司是最早拥有第三代量子技术和七大效应的公司之一，植入产品保存永久性，拥有研发量子设备舱和造舱的技术，可以根据客户需求量身定制量子仓的尺寸和大小。公司致力于成为中国受欢迎的民用量子产品电商平台，推动中国民用量子产业发展、实现中国民用量子产品价格普惠、向中国亿万家庭普及量子健康生活。

渔家傲·型

赠中山市湘金制衣有限公司

2018年2月26日午于办公室

今爱田今湘佰利，塑造型男高品位。时尚潮流新妆适，个性随，淡然稳重添魅力。

优良品质传万里，舒适时尚精致归。商务休闲有天地，未来计，改变形象再起飞。

【注释】今爱、田今、湘百利：品牌名；型男：有品位、有个性、好身材、健康之男性；新妆适：以新妆相配适；归：到来。

【企业背景】

中山市湘金制衣有限公司拥有“今爱”“湘佰利”“田今”三大品牌。以舒适、时尚、精致、有品位的个性化款式为品牌产品格调，不断更新求新，完善品牌产品，逐步将品牌影响力提升，引领时尚男装潮流；秉承品牌主张的“时尚、舒适、品位、精致”的产品形象，适应男士在商务活动、休闲旅行等不同的生活形态，彰显男士睿智、稳重、时尚的性格特点。

七律·菊城商会

赠中山市小榄镇商会

2018年2月26日午夜于家中

伟人故里百会兴，百年商会数小榄；
八字宗旨定格调，三大原则促发展。
团队理念四个一，经济规模半边天；
无微不至做服务，六柱十行多状元。

【注释】八字宗旨：发展、维权、交流、服务；三大原则：服务会员、配合政府、自力更生；团队理念：一个团队、一种步伐、一个目标、一种结果，半边天：概数，实指商会规模企业生产总额占小榄经济60%以上；六柱十行：六大支柱行业，十个行业联会；多状元：指商会获得了国家、省、市多项顶级荣誉。

贺新郎·红豆

赠无锡红豆居家服饰有限公司

2018 年 2 月 27 日晨于家中

苏南有绝色。纺织服装一条龙，红豆情节。商业连锁越千家，万款服饰和谐，功能内衣领导者。独特核心价值观，面料专家创新卓越。绒棉杉，红豆脉。

国家行业多奖掖，凭打造国民内衣，性价优越。红豆模式神圣事，借以带动行业。居家内衣双龙汇，千亿目标在眼前，幸福美丽智慧同携。定标准，再超越。

【注释】绒棉杉：红豆开创的红豆绒、红豆棉、红豆杉三种面料；红豆脉：具有红豆血脉。多奖掖：获得多项行业大奖；“千亿”句：红豆的目标：千亿红豆、美丽红豆、幸福红豆、智慧红豆；定标准：红豆正在制定“舒适面料企业标准”。

【企业背景】

无锡红豆居家服饰有限公司隶属江苏省重点企业红豆集团，公司拥有强大的设计研发能力，具备织造、染整、成衣等内部配套一条龙的产业链优势。2008 年，公司转型推出“红豆居家”商业连锁模式，集研发、生产、仓储物流、销售、营运于一体，产品涵盖内衣、居家服、文胸、短裤等不同种类近万种款式。

红豆居家以“功能内衣，面料舒适”为愿景，以“创新、聚焦、自发、高效”为核心价值观，开创主导了柔暖的红豆绒、滑爽的红豆棉、抑菌的红豆杉（高新技术产品认定证书编号：160205G0256N）、柔软的婴儿棉等深受消费者喜爱的健康舒适新品类。

未来，红豆居家将始终坚持“优质平价”的定位，服务大众消费人群，打造“国民内衣”，坚持“红豆模式”，向“千亿红豆、美丽红豆、幸福红豆、智慧红豆”的目标前进。

七律·植物染

赠济南锦柯纺织科技股份有限公司

2018 年 3 月 1 日夜于家中

行业治污重头戏，齐鲁故土新天地；
专有基地实验室，打造名牌全品类。
色谱齐全牢度好，排放零碳零污水；
国际认证有价值，植染联盟酬众企。

七律·新

赠江阴市聚喜服装厂

2018年3月1日午夜于家中

自古创新树灵魂，聚喜集团是先行；
新型材料筹领先，优良品质重诚信。
推荐品牌众人知，信用单位权威评；
纷至沓来好荣誉，质量性能高标准。

浪淘沙·东方缘

赠浙江东方缘针织有限公司

2018年3月2日凌晨于家中

诸暨久惊叹，西子从前。袜都大唐非等闲。遍寻品牌千百度，看东方缘。

要珍惜资源，责任无限。研发管理皆精湛。畅销九州又欧美，享誉人间。

【注释】久：长久；西子从前：即古人西施；袜都：袜子产销中心；东方缘：品牌名；九州：中国古称谓。

【企业背景】

浙江东方缘针织有限公司成立于2000年，是一家专业研发、生产和销售各类中高档棉袜、时尚袜套、针织裤、丝袜和美体塑形压力袜等产品的袜业企业。

公司以“诚实、诚恳、诚信”的经营理念、“打造精品、服务至上、珍惜资源、奉献社会”的东方缘责任，不断开发、设计“东方缘”品牌高档袜品，尤其是2014年推出的“健康纤体压力袜”，迅速成为中国健康纤体压力袜知名品牌。

公司先后导入ISO 9001质量管理体系和ISO 14001环境管理体系，推行全面质量管理、卓越绩效管理和5S管理，坚持自主创新，走出了一条具有公司特色的自有品牌发展之路，大大提升了“东方缘”品牌在国内外市场的知名度和美誉度。公司以“质量、服务、信誉”为宗旨，以为客户创造价值、给员工搭建舞台为理念，以铸造“中国袜业专业品牌”为坚持不懈的目标。

西江月·广盛源

赠汕头市潮南区两英广盛源针织厂

2018年3月2日午于办公室

潮汕唐宋开埠，千年传承无误。改革开放建特区，纺织服装领舞。

广盛源条纹布，前瞻眼光独具。凭优化品牌元素，共创共赢前路。

【注释】开埠：开启文明之旅；无误：此指连绵不断；前路：前方的路，远方的路。

浣溪沙·聚织云

赠浙江新弘网络科技有限公司

2018 年 3 月 2 日午于办公室

网络平台各登场，新弘科技谋破窗。
三大平台立朝阳。

四化服务产业链，转型升级孰更强？
优化提升定方向。

浪淘沙·贝贝在心尖

赠淘贝贝（福建）服饰有限公司

2018 年 3 月 2 日下午寓中

贝贝在心尖，赤子天然。贴心舒适好睡眠。健康时尚重细节，满意心欢。

自然简约范，优雅理念。自由风格醉休闲。婴童睡衣我来也，爱满江天。

浣溪沙·桑帕尔

赠台州市桑帕尔服饰有限公司

2018 年 3 月 2 日下午寓中

海州天台樟梅桂，传统文化创新意，
桑帕尔丝绸睡衣。

古典意韵时尚绎，新颖典雅自高贵，
发展共进争第一。

【**注释**】海州：台州旧称；天台：台州名山天台山；樟梅桂：台州市树市花。

清平乐·中国彩棉

赠上海中彩棉纺织品有限公司

2018 年 3 月 2 日下午寓中

中国彩棉，天彩产销研。核心优势纯天然，百届沪上亮剑。

核心供应高峰，华夏海外独拥。打造世界名牌，行业领舞在胸。

清平乐·汉亨

赠广东汉亨实业有限公司

2018年3月2日夜寓中

潮汕名企，汉亨惹人醉。集团产业多元系，独拥千人团队。

省市荣誉豪华。质量人才源发。品质服务取势，弘扬内衣文化。

【企业背景】

广东汉亨实业有限公司是一家集研发、生产、销售于一体的专业型文胸及辅料制造企业，旗下拥有文胸事业部、模杯事业部（织带事业部、花边事业部）等以内衣产业链接的生态产业链。

文胸事业部作为公司旗下重要产业链之一，主营OEM贴牌、ODM（产品定向设计与生产）等，与国内众多连锁品牌与电商品牌均有密切合作，在中国内衣界享有较高的知名度。

模杯事业部是集团旗下一家专业从事女性胸围直立棉、乳胶杯、一片式文胸等的研发、设计及生产的一体化企业，所采用的各种原材料，如直立棉、太空棉、海绵、模杯布及贴合胶水等均为环保认证材料。

西江月·新美婷精英荟

赠汕头市新美婷（内衣）实业有限公司

2018年3月2日夜寓中

新美婷精英荟，五百余年陈店。多年供应有经验，设备工艺领先。

团队素质高岸，产销研发把关。锐意进取果敢，创新快速发展。

【注释】 高岸：即高、高端、高水平。

【企业背景】

广东新美婷（内衣）实业有限公司成立于1997年，历经二十余载的发展，现已成为一家集研发、设计、生产、销售为一体的现代化大型内衣制造企业。公司旗下拥有“新美婷”“流行美”“迪澳·俪莎”等知名内衣品牌，产品涉及文胸、内裤、泳衣、调整型内衣、保暖衣、睡衣等。

公司成立至今不断向企业现代化、管理科学化、经营集团化、市场国际化的方向迈进，与时俱进、开拓创新、展望未来，面对行业的激烈竞争，公司始终坚持“树百年企业、创百年品牌”的宗旨，秉承“精心创品牌、诚信赢天下”的经营理念，确保企业持续、健康、快速、稳定地发展，开创“引领时尚潮流”的新时代！

蝶恋花·健尔弹

赠汕头市利源内衣实业有限公司

2018年3月3日夜烟台

俊林从来是梁栋，匠心独具，新颖时尚风。内衣空间美名重。科学实效双拥。

人体美学比龙凤。曲线身材，爱美人人共。多种原理成一弄，美雅从此不是梦。

【注释】 内衣空间：指内衣行业；比龙凤：指到了极致；成一弄：即成一体；美雅：指优美雅致。

【企业背景】

汕头市利源内衣实业有限公司创立于1991年，是一家专业从事女性内衣设计，研发，生产，销售和连锁运营管理为一体的现代化大型内衣企业。公司通过了ISO 9001：9002国际质量体系认证，全面执行ISO国际质量体系。

公司以市场为导向、以客户为中心、追求共赢为宗旨，致力于打造国内强势内衣品牌,成为行业内衣品牌领跑者。

临江仙·芸芸众生爱美丽

赠广东彩婷生态圈服饰股份有限公司

2018 年 3 月 3 日夜于烟台

芸芸众生爱美丽，成就各路英雄。健康时尚蔚成风。终极缔造者，四顾在文胸。

彩婷股份三板上，金融实业互通。百年品牌总相逢。贴近更懂你，尽在不言中。

【注释】四顾：环顾，广泛地看；总相逢：相信能达到。

【企业背景】

广东彩婷生态圈服饰股份有限公司始创于 1992 年，是一家集内衣人体工学研究、生产、销售、服务于一体的高新技术企业。产品以文胸为主，同时覆盖家居、塑身、吊带、保暖等多种产品。

“彩婷®”二十多年一直致力于传承年轻女性健康、贴心的美丽事业，公司通过了 ISO 9001 国际质量体系等认证；2015 年度彩婷股份被认定为国家级高新技术企业，2017 年 2 月 28 日彩婷股份荣登新三板，成为业界竖“科技和行业”的标杆。

浪淘沙·诚信是本源

赠广东贵夫人制衣实业有限公司

2018年3月11日夜苏州

诚信是本源，品质领先。创美播爱每一天。团结进取拓新业，品牌百年。

聚英创美人才观，共赢理念。皇族气质非等闲。美丽青春贵恒久，超越名媛。

【注释】创美播爱：创造美传递爱；拓新业：开拓创新事业；聚英创美：聚天下英才，创美好明天。

【企业背景】

广东贵夫人制衣实业有限公司是一家集设计、生产、销售为一体的内衣企业，公司始创于1994年，现拥有先进生产设备以及众多优越技术团队，整个生产体系严格按照ISO 9001国际质量体系认证进行生产与管理。

以“团结、进取、开拓、创新”的企业精神，树立“以人为本”的经营理念，以科技为先导，走科技与市场需求相结合的发展道路，以雄厚的实力、良好的外部环境和配套的优越技术人才走规模化发展道路。

公司目前拥有文胸、内裤、丝袜、短袜、袜裤、男士/女士保暖等多品类产品，一站式满足你多元化的购物需求。

与贵夫人相知，或许是“始于颜值”，但渐渐你会“陷于细节”，发现贵夫人对于细节精益求精的追求，而后“忠于品质”——贵夫人让你不离不弃的定是她卓越的品质。

清平乐·产业前端

赠广州市欧紫雅纺织品有限公司

2018年3月5日夜于兖州

产业前端，欧雅丝花边。优品服务产业链，自主创新超前。

唯纳品牌运营，蕾丝花边双行。和谐合作高妙，但求共享共赢。

【注释】 优品：优质产品；双行：两种都好，也可指两条腿走路；高妙：高招、妙招，高明的办法；但：只。

【企业背景】

广州市欧紫雅纺织品有限公司是一家致力于研发与经营经编花边的创新型企业，凭借自身在经编行业10多年的资源积累，秉承“全球化、全产业链”的企业定位，具有高效协调研发、生产和销售的企业精神。为广大内衣、服装企业提供经编拉舍尔花边、纬编提花弹性面料、刺绣花边、网眼布、边纶布、定型纱等多样化产品。

公司旗下有“欧雅丝”和“唯纳蕾丝”两个子品牌，欧雅丝花边专注品牌文胸花边资源的生产与运营，唯纳蕾丝专注品牌内裤花边资源及时装面料资源。

五律·舒克

赠江苏苏克服饰有限公司

2018 年 3 月 7 日午于办公室

针织保暖衣，时尚携科技；
健康为先导，环保摆第一。
全力织面料，匠心做成衣；
舒克创品牌，人本更完美。

贺新郎·皇家玫瑰

赠广州泺聚科技有限公司

2018 年 3 月 7 日午夜寓中

泺聚最特别。众筹内衣谁经过？皇家时节。高质优价翻蓝焰，颠覆传统心得，模式格局火热。团结感恩开怀笑，为梦想而生好岁月。成就了，好热血。

捷报频传如飞雪，三无一弹好优点，非常痕迹。世袭传承神圣事，凝聚天涯过客。回归生活真人物，使命信念价值后，舒适自然优雅风格。标准定，天下白。

【注释】蓝焰：最强烈的火焰；心得：经验；好热血：一腔热血；天涯过客：各路人物；真人物：优秀人物；天下白：既作天下明白，又作白天下，即告知天下。

水龙吟·浙品汇

赠浙品汇科技有限公司

2018年3月11日午夜苏州

生产终端双赢，互联互通实体店。助推发展，提升产能，增利可观。高度融合，品牌品类，共享实现。去环节中间，成本集约，线上下，互荣圈。

人本主义树立。高品质，匠心初现。网络科技，资本经营，两种手段。柔性管理，知识经济，风光无限。布快速反应，再造流程，跳跃发展。

【注释】互荣圈：互通互荣的闭环；布：布置、布局。

五律·辉利针织

赠肃宁县辉利针织有限公司

2018年3月24日夜于武汉

沧州有盛名，肃宁产业群；
辉利针织服，品牌暖倍春。
诚信闯天下，优质聚名门；
吉牧贴心暖，线上线下赢。

七律·科技品位一格

赠北京品位一格文化传播有限公司

2018 年 3 月 25 日晨于武汉

品位一格高科技，服务行业显奇迹；
柯氏烫画树规模，文身贴纸争第一。
欧德设备引全套，产业服务成一体；
扎根帝都向世界，专业优质自披靡。

天仙子·卓尔不群

赠肃宁卓尔纺织制品有限公司

2018 年 3 月 25 日午夜于株洲

卓尔内衣家居服。缔造中国蚕丝裤。品牌太夫雨诗桐，团体舞，科技路。中华国粹能人取。

工匠精神在丝缕，良心品质千人树。百年品牌目标在，信心足。花无数，坚守不懈身如玉。

【注释】 团体舞：团队齐心协力；科技路：引进境外先进设备，与国内大专院校合作；能人取：能人才能争取、取得；在丝缕：一丝一缕方显工匠；千人树：近千人的团队共同打造；“花无数”句，指诱惑很多，但我只坚守自己的本行，不为所动。

七律·鑫时运

赠安阳市鑫时运婴幼儿用品有限公司

2018年3月30日夜于家中

婴幼童装鑫时运，四大品牌正风行；
知名商标奇巧兔，专业团队谋创新。
电商平台战正酣，销售渠道巧运营；
独立研发爱宜叠，秀世贝比护康宁。

五律·天宇纺织

赠河南省天宇纺织科技公司

2018 年 3 月 30 日午夜

天宇融港资，银娟定品牌；
科技保创新，品质赢未来。
纺织产业链，服装时尚态；
亮相中针会，宾客似云来。

五律·小叮当

赠安阳市小叮当婴幼儿服饰有限公司

2018 年 3 月 31 日晨

安阳小叮当，专业做童装；
研发有特色，服务是强项。
著名品牌在，知名商标强；
叮当乐园好，万千花朵抢。

七律·鑫歌

赠安阳市鑫歌商贸有限公司

2018 年 3 月 31 日午夜

设计人才数一流，营销队伍是精英；
技术团队唯专业，售后系统凭细心。
婴童服饰大连锁，歌歌宝贝新商城；
誓做顶级和标杆，一流平台利双赢。

七律·政楷宝贝

赠安阳市政楷宝贝服饰有限公司

2018年4月1日晨

十年磨砺见真心，婴童服饰品质硬；
政楷宝贝布全局，佰显衣彩谋新兴。
行销全国口碑好，服务市场经验真；
为有行业复兴势，百届盛会显真身。

七律·浩暄

赠安阳市浩暄服饰有限公司

2018 年 4 月 1 日晨

婴童服饰见真章，十年超越十年心；
浩浩荡荡天下势，暄暄沸沸品牌名。
知名商标殷都出，专业童装九州行；
乘时而动需气魄，百届东风再出征。

五律·梦想

赠安阳市丽尔马制衣有限公司

2018 年 4 月 2 日午夜

专业丽尔马，梦想七色花；
十年磨一剑，百届放光华。
商标已知名，客户多发达；
服务婴幼童，爱心传天下。

卜算子·锦长隆

赠安阳市锦长隆针织有限公司

2018年4月3日中午于办公室

安阳锦长隆，针织享佳名。诚信质量抓不懈，研产销携行。

真抓又实干，上下谋创新。实现跨越一个个，赞誉八方临。

苏幕遮·无缝

赠浙江爱美莱纤体服饰有限公司

2018年5月15日晨

爱美莱，惹人醉，健康时尚，独具匠心美。中西合璧护人类，执着众行，品牌美誉飞。

大无缝，吾造美，核心价值，成就又一辈。行业标杆我愿景，未来无缝，看我三兄妹！

【注释】核心价值：感恩、扎根、快乐、服务；成就又一辈：不断成就团队和客户；三兄妹：爱美莱、纯色女人、茜木三大品牌。

【企业背景】

浙江爱美莱纤体服饰有限公司成立于2003年，是一家集无缝内衣研发、生产和营销为一体的综合性服装企业。

公司采用全球高科技“舒酷丝”、以色列“远红外”纱线及美国“莱卡”氨纶，根据人体曲线和生理机能，运用中医经络科学设计、研发产品，并吸取米兰、巴黎等无缝着装时尚元素，让消费者感受到每件产品的舒适健康与优雅时尚，打造“大无缝、大健康、大未来”的智能无缝新时代。生产的产品主要销往国内、欧美和日本等地，并被诸多国际品牌选为定点生产企业，目前通过ISO 9001

认证和BSCI认证，为公司生产的产品热销海外打开了绿色通道。

破阵子·蝶彩

赠重庆蝶采集团

2018 年 5 月 15 日午

希腊神话元素，缪斯诱惑产品。一身学问无钢圈，双重优势树核心。神秘浪漫身。

保养乳房健康，关爱女性心灵。大型公益赠义乳，传递爱心靠产品，双品牌齐名。

【注释】“希腊”句：品牌植入“神秘、古典、高贵、自然、浪漫”的希腊神话元素；一身学问：产品融合了美学、医学、人体工学、脂肪流学等概念；双重优势：无钢圈，零压迫；促循环，更健康；身：身份、身姿（指产品）；双品牌：缪斯的诱惑、安尔娜。

【企业背景】

蝶采集团旗下有“缪斯的诱惑”“安尔娜”等品牌。

“缪斯的诱惑”长期关注女性乳房健康事业与健康养生机构合作，研发出符合美学、医学、人体工学、脂肪流学的第三代无钢圈保养型文胸。产品自上市以来，受到消费者与专业人士的赞誉，销售渠道遍布全国各大中小城市，同时，树立了行业标准，成为产品研发、推广和营销的典范。

今天，蝶采集团已进入了新征程，未来蝶采集团将继续秉承“传播爱、传递爱”的企业使命，努力为女性乳房健康保驾护航。

鹊桥仙·北极云商

赠上海北极云商集团

2018年5月15日夜

科学理念，优良品质，大江南北享誉。产业链上共同体，柔性链并行有序。

精神五四，双子品牌，报国共建持续。一网一仓虎添翼，晓宇内朝朝暮暮。

【注释】 柔性链：柔性供应链；五四：五指五大矩阵，四指四为文化；双子：北极绒、莫代尔；“报国”句：以报国为己任，共建美丽新生活，可持续发展；一网一仓：找货网、日达云仓；晓宇内：地球人都知道；朝朝暮暮：每一天。

【企业背景】

北极绒，一个傲世而立的民族品牌。龙兴之年1998，横空出世北极绒。二十载秋风劲，万类霜天竞自由。奋起雄兵千百万，地球人从此喜迎春与冬。爱在北极绒，地球人都知道。

二十年奋进腾飞，领行业发展之先；二十年革新升级，创品牌运作之首；筚路蓝缕铸就辉煌，品牌今日价值人民币180亿元；志存高远再攀顶峰，无限风光在险峰。

移动互联时代全面来临，几十年未有之商业变局与机遇就在眼前。提早布局，乘势而上，北极绒启动互联网思维，重塑品牌战略顶层设计。目前，集团旗下内衣、家纺家居、男装、女装、母婴五大事业矩阵优势互补，平台共享；事业共创，品牌共建；线下线上齐头并进，销售渠道贯通地网、市场表现领跑全国。

如梦令·亲民口碑深种

赠安徽林夕梦科技有限公司

2018 年 5 月 16 日夜

亲民口碑深种，线上线下联动。双界领跑时，携手大牌无缝。

如梦，如梦，颠覆革新首重。

【注释】深种：深深植根；双界：无钢圈内衣界、移动互联网界；无缝：没有间隙；如梦：女性幸福梦、中国内衣梦，恰似林夕梦；首重：第一重要。

【企业背景】

安徽林夕梦科技有限公司，以无钢圈内衣为核心，是多品类共同发展的集团型内衣企业。凭借产品革新、颠覆传统、引领行业风潮的辉煌战绩，获得了行业的广泛认可，奠定了林夕梦在无钢圈内衣界、移动互联网界的地位。与此同时，积极落实线下体验店建设，2016 年启动了“千城万店”项目，现在遍布全国的林夕梦线下体验店已突破千家，初步实现了“互联网 +”时代线上线下 O2O 联动布局。

七律·彩羊

赠彩羊集团

2018 年 5 月 17 日晨

丝绸之路越千年，寻梦三秦续前缘；
国家名片有泥塑，彩羊品牌纯天然。
多头联姻发现路，百万行动恒爱甜；
色彩文化探宇内，网络一拍史无前。

【注释】越千年：超过千年，泛指历史悠久；三秦：陕西；续前缘：既续丝路之缘，又续民间艺术之缘；国家名片：此指邮票，彩羊是全行业第一个走上国家邮票的品牌；多头联姻：联姻体坛、时尚、世博；发现路：此指彩羊的全球色彩发现之旅；“百万”句：此指联合 31 个省数百万爱心父母织就数十万件爱心毛衣的“恒爱行动”；探宇内：在全球探索；网络一拍：网络拍卖第一人。

【企业背景】

彩羊（Fazeya）品牌 2003 年诞生于“羊毛世家”恒源祥集团，是恒源祥集团旗下时尚艺术生活品牌，继承了羊家族舒适、天然、柔软的品质，同时加以色彩变化，打造更为有趣、时尚、休闲的羊毛类产品，为更多消费者带去“多元多彩”的羊毛生活。彩羊（Fazeya）品牌的主标识为恒源祥中国羊年吉祥物——彩羊。

追溯“彩羊”的历史，它还是诞生于汉唐时期东西方文化交流要道“丝绸之路”的起点陕西的泥塑艺术品。泥塑彩羊据记载拥有超过2000年的历史，最早可追溯至先秦时期,与“世界第八大奇迹”兵马俑的制作工艺及“黏土”材质都归于同宗同源。彩羊集团产品品类涵盖男装、女装、针织、家纺、车纺等领域，是羊家族内独树一帜的色彩艺术大师和时尚流行新贵。

七律·新一系

赠广东新一系实业有限公司

2018 年 5 月 17 日午夜

八字方针定理念，敢为人先勤创新；
六个升级规划高，两千诸侯持续赢。
四度提升附加值，单品打造原核心；
时尚生活你我他，新人新品新征程。

【注释】八字方针：睿变、创新、协作、共赢；六个升级：产品研发设计、生产制造管理、品牌发展战略、品牌推广、营销管理、终端形象升级；两千诸侯：代指两千多个终端；四度：价值度、影响度、忠诚度、持久度；原核心：初心。

【企业背景】

广东新一系实业有限公司创建于 1986 年。品牌产品涵盖了内衣、内裤、家居生活服饰系列，经销网络遍布全国，建有终端 2000 多个，品牌影响力稳居行业前列。30 多年来，公司不断推出新型高科技面料，大胆运用工艺革新和产品创新，与国际知名原料供应商结成战略联盟，敢为人先，创新研发。

近年来，广东新一系实业有限公司秉承“睿变创新、协作共赢”的企业经营理念，将“终端持续赢利”作为产品研发和营销工作的核心。坚持以价值度、影响度、忠诚度、持久度来提升品牌附加值，通过打造职业化的管理团队来提高品牌链中各环节的竞争力，着力构建与代理商、终端商协作共赢的营销体系。

天仙子·美人计

赠浙江美人计健康科技有限公司

2018 年 6 月 8 日夜

美人相逢千百度。为保青春颜且住。众里寻他何塑型，相思路。长袖舞。精彩自信绽放处。

医学养生千万缕。塑型科技新技术。美人消费生态圈，不停步。花无数。创新解困新零售。

【注释】美人：即“美人计”；相逢：认识、购买、消费；千百度：不断重复；颜且住：留住美颜、颜值；何塑型：既指何平董事长，又可释为“靠什么来塑型”；相思路：接前句，意指“寻塑型产品如同相思”；长袖舞：长袖善舞，意指各方面都擅长；千万缕：指很多方面、角度；花无数：鲜花无数，代指好评、荣誉、让很多人有成就，亦指美人计经销商团队美女众多；解困：既指解决女性身形困惑，又指解决很多人的经营、财富困惑。

【企业背景】

浙江美人计健康科技有限公司是一家集研发、生产、销售为一体的女性塑身衣企业，“美人计”是旗下的主打品牌。公司以高起点的品牌战略及创新的经营模式开拓市场，凭借资源优势、经营优势、管理优势和资金优势，以传统医学的养生理念为指引，结合科学、先进的科技塑型技术，建立科学、完善的健康塑型系统，传播健康的生活方式，帮助爱美女性拥有美丽身形和健康理念，解决女性身形困惑，让女性实现从内到外健康、美丽，拥有自信和成长，绽放自己的精彩。

虞美人·感恩

赠佛山枫莲内衣集团有限公司

2018 年 7 月

感恩爱心为至要，侠客三千笑。枫莲使命借东风，传播内衣文化不放松。

五虎上将做品牌，特色团队载。社会责任凭坚守，关爱女性健康创一流。

【**注释**】至要：最重要，第一要务，此指枫莲价值观；侠客三千：三千多终端；借东风：借企业使命之东风；五虎上将：指爱黛、秘密、魔力体雕、爱尔黛、悦己爱人五大品牌；特色团队：军队一样执行力（锻炼人），学校一样成长快（培养人），家庭一样有亲情（温暖人）；载：承载。

蝶恋花·轻奢内衣

赠中山市轻奢服装有限公司

轻奢内衣君知否。百年使命，文化履新路。励精图治成长术，目标愿景颜如玉。

金规玉剪银针舞。荷粉梅香，红绡卷云雨。环肥燕瘦媚几许，小榄人家掩不住。

【注释】术：法则、规律；颜如玉：此喻不动摇、不变化；“金规”句：喻纺织服装行业；“荷粉”句：喻各具特色产品；卷云雨：喻行业风云；环肥燕瘦：中国历史上著名后妃杨玉环、赵飞燕；媚几许：此借指产品独具吸引力；掩不住：光芒不可阻挡。

【企业背景】

中山市轻奢服装有限公司坚持“有限产业多元化、业务单元专业化”发展原则，以“沟通、学习、责任、进取”为企业精神，以“适销对路的产品、令人放心的质量、让您满意的服务”为公司的质量方针。

轻奢服装坚持“以人为本、和谐发展”的人才理念，倡导员工与公司“同成长、共发展”。从针织家居服 ODM 起步，将业务拓展至保暖内衣、内裤、睡衣、泳衣等品类产品的加工与贸易业务领域，并逐渐形成规模。

秉承“优秀企业公民”信念，通过源源不断地为消费者创造价值，持续实现公司进步与升级，实现客户、员工、股东、利益相关者价值回报最大化。

浪淘沙 · 抽象男

赠中山市抽象男服饰有限公司

雅痞抽象男，哪潮初现。波文组合榄城中。总是彼时携手处，和谐从容。

格调特行初，本质需求。识别公式雅痞风。店面情景人性化，爆品丛中。

【注释】雅痞：源自西方的“雅痞文化”；波文：企业创始人雷洪波、黄绮文；特行：特立独行；初：开始；识别：原创产品独特性；公式：3+3+3+1，即三分精致、三分花哨、三分叛逆、一分傲娇；情景人性化：情景式布置、人性化服务；爆品：爆品思维；丛中：消费者置身其中。

【企业背景】

“抽象男”品牌定位为提炼出每个消费年龄层最本质的需求，打造“雅痞”（yuppie）文化；懂得享受生活，不奢靡，追求特立独行的气质格调，理智而品位独特，更喜欢个性十足的品牌；“期望年轻”的消费人群，满足心态年龄的需求定位。品牌宣传语：抽象男——别样（Young）不凡。

“雅痞风”的正确公式：三分精致、三分花哨、三分叛逆、一分傲娇。